AF562904

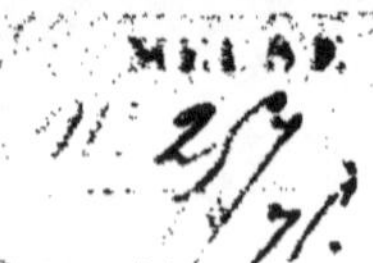

ALSACE-LORRAINE

TRIBULATIONS

D'UN

PRÊTRE OPTANT

PAR

L'ABBÉ CH. BÉNARD,
Curé expulsé de Hoff (Lorraine)

TROISIÈME ÉDITION

Prix : 50 centimes

BAR-LE-DUC. — TYPOGRAPHIE DES CÉLESTINS
ANCIENNE MAISON LOUIS GUÉRIN, ÉDITEUR
36, rue de la Banque, 36

1875

OUVRAGES DU MÊME AUTEUR

Histoire de la Révélation, 2e édition, 4 vol. in-12........... 8 »

Vie de Notre Seigneur Jésus-Christ, 5e édition, 1 vol. in-12. 3 »

École du Prêtre, 3e édition, 2 volumes in-12.................. 6 »

Règne social du Christ, 2e édition, 1 volume in-12.......... 2 50

Le Christ et César, 2e édition, 1 volume in-12............... 2 50

L'Église et la Révolution, 1 volume in-12..................... 2 50

La Vraie Situation, brochure in-12............................ 1 »

La France dans ses Malheurs, brochure in-8°.................. » 50

Les Épitres et les Évangiles des dimanches et fêtes de l'année, expliqués avec instructions, 5 vol. in-8°.............. 25 »

Tribulations d'un prêtre optant................................ » 50

Bible illustrée pour les écoles, texte français................ 1 »

Id. texte allemand... 1 »

Id. texte allemand et français, reliée........................ 2 »

A LA MÊME LIBRAIRIE

Guerre de la Prusse contre l'Église catholique, avec la complicité de la France, par Timothée FRANCŒUR, 1 volume in-12 de 650 pages.. 4 »

Alsace-Lorraine. — Devoir de la France, brochure in-12... 1 »

Bar-le-Duc. — Typographie des CELESTINS. — BERTRAND.

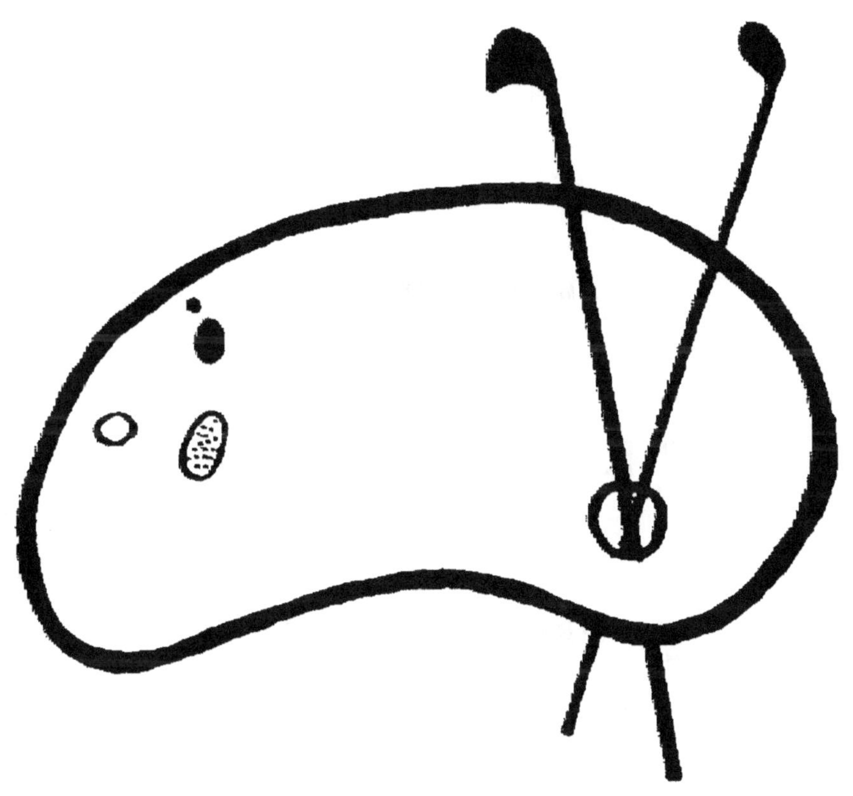

ALSACE-LORRAINE

TRIBULATIONS

D'UN

PRÊTRE OPTANT

ALSACE-LORRAINE

TRIBULATIONS

D'UN

PRÊTRE OPTANT

PAR

L'ABBÉ CH. DÉNARD
Curé expulsé de Hoff (Lorraine)

TROISIÈME ÉDITION

BAR-LE-DUC. — TYPOGRAPHIE DES CÉLESTINS
ANCIENNE MAISON LOUIS GUÉRIN, ÉDITEUR
36, rue de la Banque, 36

1875

ALSACE-LORRAINE

TRIBULATIONS

D'UN

PRÊTRE OPTANT

I. — Option et interdit civil.

Dans le but d'avoir des loisirs et de composer l'important commentaire des *Epîtres et des Evangiles* des dimanches et fêtes de l'année, M. l'abbé Bénard s'était retiré avec son frère à Hoff, paroisse qui touche à Sarrebourg, ville où, pendant seize ans, ils avaient dirigé un collége libre. Là, la guerre le surprit avec ses désastreuses conséquences, pendant que son frère prêchait en français la station des bains à Baden-Baden, où celui-ci resta pour soigner nos pauvres prisonniers en Allemagne.

Dès que le traité de Francfort fut connu, le curé de Hoff écrivit à son évêque, lui annonçant qu'il opterait pour la nationalité française et qu'il désirait un poste à Nancy, dans l'intérêt de ses publications. Mgr Foulon promit d'avoir égard à ce désir. Cette promesse ne s'est pas réalisée. L'autorité allemande, qui avait fait des tentatives dans le but de gagner le curé de Hoff, dès qu'elle apprit son option, élimina des écoles son *Histoire sainte* ou sa *Bible,* qu'elle avait, après examen, recommandée et approuvée. Elle pressa l'évêque de Nancy de changer cet ecclésiastique. Le prélat, se basant sur le traité de Francfort et sur le Concordat encore en vigueur en Alsace-Lorraine, maintint ses droits et différa d'appeler à un autre poste M. Bénard. Après une longue polémique à ce sujet, l'autorité allemande, habituée depuis ses fabuleux succès à ne respecter ni traité ni convenance, supprima, avec cet arbitraire qui la caractérise, à dater du nouvel an 1874, le traitement du curé de Hoff. Voyant que cette mesure ne produisait pas le changement demandé, elle notifia, malgré la protestation de l'évêque, au titulaire de la paroisse, le 12 juin dernier, l'ordre de cesser immédiatement toute fonction ecclésiastique. Cet interdit civil lui arriva à sept heures du soir, pendant l'octave de la Fête-Dieu, au moment où les fidèles devaient se réunir pour assister au salut. Le curé répondit au messager du Kreisdirector de Sarrebourg qu'ayant reçu sa mission de son évêque, il ne pouvait tenir compte de cette injonction de l'autorité laïque, et il laissa sonner le dernier coup.

Comme il ignorait si la force n'allait pas l'enlever, la nuit ou le lendemain, et que ses paroissiens ne savaient absolument rien de ce qui s'était passé ni de la suppression du traitement, ni de l'injonction administrative, le curé se crut obligé de dire quelques mots à ses ouailles. Avant la bénédiction, il monta en chaire, et leur adressa en résumé ce discours :

« Mes chers enfants, je crois de mon devoir de vous annoncer que le lien qui nous unit va se rompre. Voilà près de huit ans que nous vivons ensemble ; nous avons passé les effrayantes péripéties de la guerre et ce qui s'ensuivit : la séparation de notre mère patrie, et ce qui est encore triste pour notre contrée, la séparation imminente de notre diocèse. Vous savez que j'ai opté ; or, le traité de Francfort laisse à l'évêque de Nancy toute juridiction sur nos contrées jusqu'à ce que le Saint-Siége ait décidé autrement. Sur la foi de ce traité, j'ai cru pouvoir rester avec vous jusqu'à ce que Mgr de Nancy me relevât de mon poste. Il n'en est pas ainsi ; l'autorité civile veut me faire cesser toutes mes fonctions ecclésiastiques. Je ne puis ici céder qu'à la force. Je dois aussi vous informer que, depuis près de six mois, je ne touche aucun traitement. Malgré cette suppression, je suis resté avec vous, parce que vous deviez être longtemps privés de curé, et que le bon pasteur n'abandonne pas ses ouailles pour une question d'argent. J'avais pensé que je mourrais au milieu de vous ; mais Dieu en a disposé autrement. Si je meurs en France, mes cendres reposeront non loin d'ici, sur le sol natal, près des cendres de mon père et de ma mère. Vous n'ignorez pas qu'aujourd'hui, il y a dans le monde entier une persécution contre l'Eglise catholique, et qu'en Allemagne trois évêques et un grand nombre de prêtres gémissent en prison, parce qu'ils sont fidèles à leur devoir. Imitant leur exemple, je resterai au poste que mon évêque m'a confié : je ne le quitterai qu'enlevé par les gendarmes. Dans ce cas, pour sauvegarder les droits de Mgr de Nancy, notre seul évêque légitime, et ceux de l'Eglise, je nomme administrateur de la paroisse M. le curé de Saraltroff, mon plus proche voisin, jusqu'à ce que l'évêché ait décidé autrement. Il me reste à vous dire qu'en général j'ai été content de vous ; vous m'avez toujours environné de vénération et suivi mes instructions. Aussi puis-je le dire hautement : je vous ai constamment donné l'exemple de ce que je vous ai prêché. Grâces à Dieu, je suis arrivé au milieu de vous, ayant conservé mon innocence sacerdotale, je vous quitte avec la conscience de la même innocence. En tous temps, il y a eu des traîtres, des Judas, qui, pour un intérêt mondain, vendent leur conscience ; il peut se faire qu'il s'en trouve aussi parmi vous. Quoi qu'il en soit, si c'est la dernière fois que je vous adresse la parole, je vous conjure par les entrailles de Jésus-Christ de rester fidèles à votre foi, à vos mœurs, à vos habitudes de piété. N'écoutez aucun novateur ; que les parents, plus que jamais aient l'œil ouvert sur l'éducation de leurs enfants, car tout tend de nos jours à affaiblir la croyance et la morale parmi les peuples, et je prie le Dieu de toute bonté et de toute miséricorde qu'il daigne vous bénir dans vos biens temporels et éternels ! »

Ce discours, qui dura un quart-d'heure et arracha les sanglots de l'assistance, fut dénaturé et dénoncé, le lendemain, au Kreisdirector de Sarrebourg, par l'instituteur prussien, posté pour m'observer. Ignorant la dénonciation et le piége qui m'était tendu, j'eus à confesser le jour suivant, samedi, la généralité des femmes et des filles de la paroisse et un grand nombre de jeunes gens et d'hommes qui pleuraient autour de mon confessionnal. Le dimanche, fête du Sacré-Cœur, j'ai chanté la messe comme à l'ordinaire, prêché sur la fête et fait la procession. Le lundi matin, j'ai encore chanté la messe pour les défunts de la paroisse, et je suis allé dîner chez un confrère voisin. Sur ces entrefaites, j'appris que deux gendarmes, accompagnés du commissaire de police de Sarrebourg, s'étaient présentés au presbytère pour m'enlever la nuit. Ne voulant pas quitter ma paroisse la nuit, en criminel, j'ai cherché un gîte ailleurs. Le lendemain, mardi, je suis retourné au presbytère, où se trouvaient réunis huit confrères qui désiraient m'accompagner jusqu'à Avricourt. Je fis à la hâte ma malle, je recueillis mes papiers. Mes paroissiens, informés de mon départ, se réunissent à l'église qui se trouve à côté du presbytère. J'y entre, et dis, avec tous, *cinq Pater et cinq Ave Maria,* pour amis et ennemis : puis je donne de la main, à l'assistance, une dernière bénédiction, au milieu d'unanimes sanglots.

Au sortir de l'église, un jeune homme, au nom de ses camarades, m'offre un très-beau et très-riche bouquet, et la préfète de la Congrégation, une fort belle couronne blanche, au nom des congréganistes, en signe de reconnaissance et de permanent souvenir. Je remercie, en quelques mots ; puis, accompagné de huit confrères et des habitants de la paroisse, je me dirige vers le chemin de fer par la voie la plus courte. Là, la scène des adieux se renouvelle ; chacun veut me serrer la main une dernière fois.

II. — Arrestation.

Les huit confrères qui m'accompagnent prennent avec moi leur billet jusqu'à Avricourt. Ma malle et mon bureau sont enregistrés. Le train express qui doit nous emporter est en gare. Nous montons tous dans un compartiment de seconde. Au moment où le train allait se mettre en marche, arrive le commissaire de Sarrebourg, escorté d'une escouade de gendarmes, et, m'appelant par mon nom, me fait descendre de voiture, pour me conduire devant le procureur général et le juge d'instruction, arrivés de Saverne par le train même qui devait nous emporter.

Il est impossible de décrire cette scène de stupeur et de consternation générale. Tous pleuraient ou murmuraient. Je dis quelques mots à la foule, afin de lui recommander le calme, le silence et la dispersion. Le commissaire de police eut ordre de me conduire dans son cabinet. Ce fonctionnaire, type du sensualisme et de l'insolence prussienne, remplit son office avec une satisfaction visible ; il était fier de conduire à travers la ville que j'avais évangélisée, dans le temps, par la prédication et l'éducation des enfants, le curé de Hoff qui passe, à tort ou raison, pour le meneur du pays. Arrivé dans son cabinet, je ne tardai pas à être rejoint par le juge d'instruction et le procureur général, qui se mirent immédiatement à m'interroger.

III. — Interrogatoire.

Je fus placé entre les deux magistrats ; le juge d'instruction me demanda pourquoi je n'avais pas cessé mes fonctions immédiatement après l'injonction de l'autorité, et me déclara passible du paragraphe 110 du Code pénal. Je répondis que, vivant en Lorraine-Alsace, sous le régime du Concordat qui reconnaît à l'Evêque seul le droit de destituer un curé, je ne pouvais me rendre à l'ordre de l'autorité civile. Alors il me lut l'accusation signée de l'instituteur prussien, homme sans conscience et sans brevet, par conséquent sans intelligence, posté pour me surprendre en défaut. Cette accusation, qui se démentait d'un bout à l'autre, portait que j'avais dit en chaire, le 12 juin, au moment de mon interdit par l'autorité civile : « qu'en Allemagne il n'existe plus que le règne de l'arbitraire, le droit de la force, une persécution y est ouverte contre l'Eglise catholique et que l'autorité civile n'avait pas le droit de délimiter les diocèses ».

Quoique tout cela soit vrai de fait, je répondis aux deux magistrats que je n'avais pas parlé ainsi, et je répétai, à peu près mot à mot, ce que j'avais dit en chaire, faisant observer qu'il peut m'être échappé, dans l'improvisation, des expressions que je ne me rappelle plus parfaitement, mais que je suis assez maître de moi-même en chaire pour me souvenir toujours de la suite de mes idées.

Cet interrogatoire terminé, le procureur général me dit : « Nous regrettons la mesure que nous sommes obligés de prendre contre vous. Vous êtes cause de tout le mouvement qui existe dans le pays (mouvement excité par les écoles mixtes et le mélange forcé des deux sexes, depuis l'âge de dix ans jusqu'à quatorze, sans surveillance). Vous auriez dû partir la nuit ».

Je répondis : « Je n'ai que la responsabilité de mes actes et non de ceux des autres ; quant à partir la nuit, les criminels choisissent les ténèbres pour s'enfuir, et non le prêtre catholique qui agit au grand jour et qui a la conscience d'avoir rempli son devoir. Il reste à son poste ».

Il me dit encore : « Vous avez composé l'ouvrage intitulé : *Guerre de la Prusse contre l'Eglise catholique*, par Timothée Francœur ? »

Je répliquai : « Ce n'est pas moi, mais mon frère, qui est Français et est en France. Je ne suis pour rien dans la publication de cet ouvrage ».

Le juge d'instruction ajouta : « Nous ne pouvons pas permettre qu'on danse au-dessus de nos têtes ». Et il signa un mandat d'arrêt, sous prétexte que j'avais transgressé le paragraphe 130 de la loi, en traitant de matières politiques en chaire.

J'eus beau expliquer que je n'avais nullement commenté le traité de Francfort, que je ne l'ai cité que comme un fait historique et base de la juridiction de l'évêque de Nancy. Vains efforts ! Voyant alors que c'était un parti pris de me tenir arrêté, j'offris une caution qu'on refusa, parce que, disait-on, j'étais Français, un étranger ; et trois gendarmes furent commandés pour me surveiller. Les deux magistrats se transportèrent à Hoff pour procéder à une enquête qui confirma complétement mes affirmations. Néanmoins, on maintint mon arrestation, et il fut décidé que je serais transféré à Saverne par le train-poste du soir.

Pendant que, sous la surveillance de la gendarmerie, j'étais à attendre l'arrivée du train dans le cabinet du commissaire de police, une dame de Sarrebourg, au cœur généreux et dévoué à toutes les bonnes œuvres, eut la délicatesse de m'envoyer à dîner. Je ne pris qu'un bouillon et un verre de vin ; mais je remercie publiquement la générosité de cette dame. Que Dieu la bénisse avec tous ses enfants !

IV. — Transfert à la prison de Saverne. — Séjour.

Pour qu'il n'y eût pas tant de commotion dans la ville, on me conduisit par le fossé de Sarrebourg, et la gendarmerie balaya à deux reprises la foule qui s'était massée. Arrivé au chemin de fer, on ne permit à personne de m'approcher ni de me serrer la main.

Des troupes avec un officier gardaient les avenues de la voie, et les employés protestants, pas tous, parce que j'avais vu un vieux gendarme pleurer, mais la généralité, témoignaient d'une joie féroce de voir arrêter un prêtre catholique et disaient hautement : « Ce ne sera pas le dernier ». On m'embarque avec un gendarme dans un compartiment de seconde, non sans me faire payer la place et sans tenir compte du billet périmé sur Avricourt, et on charge également ma malle, mon bureau, qui contenait ma correspondance, quelques livres et mon sac de nuit, qui renfermait quelques valeurs.

J'arrive vers neuf heures du soir à Saverne ; je suis conduit par mon gendarme à travers une rue détournée et déserte jusqu'à la prison. On sonne, un gardien ouvre une lourde porte. Le gendarme me fait précéder ; il donne au chef-gardien des papiers dont j'ignorai le contenu et me laisse entre les mains d'un petit homme à l'œil blanc et sauvage, à l'accent prussien, et à la mine joyeuse de posséder un prêtre catholique. Celui-ci prend mon signalement, demande mon argent, ma montre et s'empare de mon sac de nuit, en attendant l'arrivée de ma malle et de mon bureau.

A la vue de quelques pièces en or que j'avais dans ma bourse, son œil terne s'illumine comme le regard de la bête fauve en présence de sa proie : tout son être semble tressaillir et dire : « De ces pièces en or j'aurai ma part ». Après ce dépouillement, il me fait conduire, par un gardien subalterne, dans une chambre oblongue, éclairée par deux petites fenêtres carrées, ou mieux par deux lucarnes garnies de solides barreaux. On les ferme et on les ouvre par des chaînettes. Je les laissai ouvertes toute la nuit afin d'avoir un peu d'air. Il y avait dans la chambre un petit lit en fer, sans draps, une chaise de pénitence et un vase de nuit. Le gardien subalterne me dépouille encore de mon couteau-canif et d'autres petits objets ; il ne me laisse d'autres livres que mon bréviaire et l'*Ordo*, et m'enferme, en faisant retentir le cliquetis de ses clefs. Il était neuf heures et demie du soir.

Me trouvant seul, je tombe à genoux ; je dis mes prières, mon chapelet, et je me jette sur mon lit. Brisé par l'émotion de la journée et l'inquiétude de me trouver entre les mains de la justice allemande, je ne puis fermer l'œil. Le lendemain, je me lève à cinq heures ; je dis mes prières, fais ma petite méditation, me recommande à toutes les saintes messes de l'Eglise catholique. Et le Dieu de toute bonté inonde mon cœur de consolations indicibles. La tranquillité et la joie même entrent dans mon âme.

Vers huit heures, un gardien ouvre la porte de ma chambre. Il est suivi d'un gros fournisseur de la ville, qui me donne la liste et le tarif des mets qu'il a le droit de me fournir. Je lui demande une tasse de café au lait pour mon déjeuner, et la soupe, avec un morceau de bœuf et quelques légumes, du vin et du pain pour mon dîner, à cinq heures du soir. Ma nourriture réglée, on referme la porte, sous le grincement d'énormes clefs, et on me laisse à mon isolement. Vers dix heures, arrive le chef-gardien, en compagnie d'un petit homme à perruque blanche, à l'accent guttural, prussien. Il me dit, en allemand du Nord, d'un ton nasillard : « Je suis le médecin de la maison ; il est d'usage qu'on mette à nu tous les nouveaux arrivés, dans le but de constater qu'ils n'ont pas de maladie ». Je répondis : « Je n'ai pas de maladie ; je ne suis pas un prisonnier ordinaire et j'espère que vous ne m'infligerez pas un pareil outrage ». Devant mon attitude calme et indignée, il recula, et m'interrogea alors sur mon pays ; je lui répondis brièvement, et je vis que la science géographique des Allemands, qu'on vante tant, n'est pas même élémentaire.

Cependant je restai sous le secret le plus absolu. Personne n'eut la permission de m'approcher. La chambre qu'on m'avait donnée venait d'être lavée et blanchie. Je sentais que les vapeurs de l'eau et de la chaux réunies me dévoraient la poitrine. Je n'eus la permission de respirer un autre air que pour satisfaire aux besoins de la nature. Le soir, un peu d'appétit m'était revenu. Les mets qu'on me servit furent convenables, mais le vin était falsifié ; je refusai de le boire, parce que je sentis une espèce d'empoisonnement. Je commandai alors, pour la suite, de la bière. Mon neveu, curé de Schalbach et sa sœur, ma nièce, étaient accourus pour me voir, m'apporter quelques provisions et du vin de ma cave, mais leurs provisions ne furent pas admises ; ils offrirent même de payer au fournisseur mon propre vin. Tout fut rejeté. Je me rappelai alors le texte d'une des lamentations de Jérémie, où le prophète dépeint l'extrême misère des enfants d'Israël, devant les insolentes exigences des Babyloniens : « *Aqua nostra pretio bibimus* ». Nous n'avons pu boire, qu'à prix d'argent, notre propre eau, l'eau de nos citernes, fruit de notre travail et de nos peines. Je n'eus pas même cette consolation. Mon propre vin, à prix d'argent, m'était refusé, devant l'insolence prussienne. Le soir, on me donna des draps de lit déchirés et peu propres ; je fis mes exercices de piété ordinaires et je m'endormis sous la garde de Dieu. Le lendemain, jeudi, vers dix heures du matin, le juge d'instruction m'appela, et, ne pouvant articuler aucun fait contre moi, il me tint, d'un ton courroucé, cet étrange langage dans la bouche d'un magistrat :

« Vous êtes cause de tous les obstacles de la Kreis-direction de Sarrebourg. Nous vous tenons ; vous paierez pour les autres ; votre évêque est encore plus coupable que vous, il ne subira pas votre punition, car il se refuse à subir les deux mois de forteresse auxquels nous l'avons condamné ; nous ne vous relâcherons pas ; vous ferez une partie de sa prison. Nous voulons dompter la résistance des prêtres. Vous appelez mal ce que nous appelons bien ; votre droit n'est pas notre droit ».

Et il partit tout en colère. J'étais donc certain d'une condamnation commandée par la politique.

Cependant, abandonné à moi-même, je ne fus pas délaissé par le protecteur et le consolateur de l'innocence. Jamais je n'ai mieux compris ce passage de saint Paul : « Je surabonde de joie dans toutes mes tribulations », *superabundo gaudio in omni tribulatione.*

Lorsqu'on a la conscience nette et tranquille, qu'on est enfermé pour la cause de Dieu, l'esprit éprouve la tribulation, l'angoisse ; mais les saintes délices, l'onction de l'Esprit-Saint dominent les peines.

Privé de l'autel, du sacrifice de la messe, de la visite au saint sacrement, du crucifix même et de tout livre de piété, je sentais le Dieu eucharistique venir à moi ; il me caressait de ses touches si suaves ; il s'emparait de tout mon être d'une manière ineffable. J'avais aussi, pour ainsi dire, sensiblement, le secours de notre tendre mère, de la consolatrice des affligés. Quiconque croit que la prison endurée pour la justice brise les caractères et abat les courages, se trompe étrangement. On y mange le pain de l'amertume ; mais on y puise, par suite de consolations spirituelles, une énergie qui va jusqu'au mépris de toute chose et de la vie même. Sans doute, si je n'avais envisagé ma position qu'au point de vue purement humain, je pouvais me trouver malheureux. Je pouvais dire : « Voilà trente-sept ans que je suis sur la brèche, soit comme vicaire, soit comme fondateur et directeur de séminaire, soit comme curé, soit comme missionnaire, soit comme publiciste. Il n'est pas de douleur que je n'aie consolée ; il n'est pas de crime que je n'aie eu occasion d'absoudre ; j'ai fatigué et usé mes yeux au travail du cabinet, mes oreilles au confessionnal, mes mains à la composition d'ouvrages utiles à la religion et à la société ; tous mes sens ont été consacrés au service de Dieu. Je me suis imposé des sacrifices de tous genres pour conserver intacte et pure mon innocence sacerdotale, au milieu de tant de dangers qui environnent le prêtre. Et, dans mes vieux jours, parce que je n'ai pas voulu renoncer à ma nationalité et à l'honneur du sacerdoce en déposant mes fonctions entre les mains de l'autorité laïque, je suis arraché violemment de ma paroisse qui me vénère et m'affectionne, je suis sans titre et position, obligé de quitter le sol natal, le théâtre de mes sueurs évangéliques ; je suis jeté en prison par les mains de la police et des gendarmes; je suis traité en criminel, mêlé aux voleurs, aux brigands, aux assassins, aux banqueroutiers, à l'écume du genre humain. Une pareille destinée n'est-elle pas malheureuse, envisagée au point de vue de la raison ?

« Ne pourrai-je pas dire, à l'imitation de Job : « Maudit le jour de ma naissance ! qu'il soit effacé du cercle des années ! » Ne pourrai-je pas dire encore : « Maudite la main qui m'oignit de l'huile sainte et m'imposa le redoutable et dangereux fardeau du sacerdoce ! » Mais devant les yeux de la foi, la scène change. L'âme s'élève au-dessus des misères et des bornes du temps et de l'espace. Elle entre dans les profondeurs de l'éternité. Elle conserve présente les promesses de l'Evangile : « Heureux ceux qui souffrent pour la justice, grandes seront leurs récompenses ; souffrir pour Jésus-Christ, c'est une faveur, un don, une grâce spéciale ». Alors on baise la main paternelle qui vous frappe, l'on s'écrie dans les transports d'une sainte ivresse : « Merci, mon Dieu, mon amour, de m'avoir jugé digne de boire avec vous le calice d'amertume ! » Et la prison devient un paradis anticipé ; l'âme portée sur les ailes de l'amour divin, se plonge dans un océan de délices, dont ceux-là seuls qui les ont goûtées peuvent avoir une idée. Merci donc, ô mon Dieu ! ô mon Père ! ô l'objet de toute ma tendresse !

merci de la faveur que vous m'avez accordée de souffrir quelque chose pour votre noble cause ! ô sacerdoce catholique ! que tu es sublime dans tes luttes et tes douleurs, par la grandeur de tes espérances ! »

Je me soumis à tout le règlement de la prison, avec calme, résignation et joie même. Un riche propriétaire de Saverne, ancien ami de collége ; l'excellent aumônier de la prison, tout malade qu'il était ; le jeune et dévoué curé de Saverne, obtinrent la permission de me visiter et de me causer plusieurs fois, sous la surveillance de deux gardiens. Tous les autres confrères et tous les membres de ma famille venus pour me voir furent impitoyablement écartés. Ma plus grande privation fut de ne pas pouvoir dire la sainte messe et de visiter le saint sacrement. Le dimanche même, je n'eus pas le bonheur d'assister au saint sacrifice, le bon aumônier étant malade ; mais, au souvenir du chancelier d'Angleterre, de Thomas More, en prison à cause de sa fidélité catholique, je fis comme ce martyr. Privé de la messe et des offices, le dimanche, il mettait ses plus beaux habits et répondait à ceux qui demandaient pourquoi il agissait de la sorte : « Je sanctifie et j'honore ainsi le jour du Seigneur, ne pouvant faire autrement ». A l'exemple de ce grand confesseur, je me mis également, le dimanche, en frais de mise plus soignée. Au son de la belle sonnerie de Saverne, je me recommandai aux prières et aux chants de l'Eglise catholique, non sans penser souvent à ma paroisse.

Cependant, au bout de dix jours, le 25 juin, au soir, on me notifia que je suis cité devant le tribunal civil de Saverne, pour samedi 27 juin, neuf heures du matin, sous l'inculpation d'avoir traité en chaire, le 12 juin, de matières politiques, en parlant du traité de Francfort et de la délimitation des diocèses, et d'avoir excité les esprits à la désobéissance de l'autorité, délits prévus par les articles 110 et 130 du nouveau Code pénal. Je me mis, le lendemain, en rapport avec M. M..., avocat et enfant de

Saverne, qui connaissait déjà mon affaire. Ce digne défenseur, ancien élève de la Malgrange, près de Nancy, dont nous avions le neveu au collége de Sarrebourg, déploya un zèle, un dévouement extraordinaires; je ne saurais lui être assez reconnaissant. Il ne négligea rien pour me rendre service et correspondre avec ma famille et mes amis.

V. — Comparution et condamnation devant le tribunal de Saverne.

Le 27 juin, le samedi, où mon affaire devait passer, était arrivé.

D'après les paroles étranges du juge d'instruction, j'étais sûr d'avance d'une condamnation. Cependant, ne voulant pas paraître en criminel devant des protestants ou des renégats, mais avec la dignité d'un prêtre qui a la conscience de son innocence, je commande en ville, dans la matinée, une paire de gants noirs, quoique je n'aie pas l'habitude d'en porter ; je cherche dans ma malle, déposée au magasin de la prison, le plus beau de mes pardessus, et je revêts mon habit de fête. Je me mets ensuite à genoux dans ma chambre ; j'invoque l'Esprit-Saint, en me rappelant que Notre-Seigneur avait dit à ses apôtres : « Lorsque vous paraîtrez pour ma cause devant les magistrats de ce monde, ne vous inquiétez pas de ce que vous direz ; je mettrai dans votre bouche ce que vous répondrez ». Sur la foi de cette promesse, je ne pris aucune note et je me fiai à l'inspiration du moment.

L'heure venue, je me laissai conduire devant le tribunal, escorté par un gendarme et deux autres prisonniers enchaînés. On m'y fit entrer par une porte dérobée. Là, je rencontrai dix-huit de mes confrères et amis, un certain nombre de mes paroissiens, quelques membres de ma famille et une foule de gens à figure inconnue. Je donne une poignée de main à toutes mes connaissances. La salle est bientôt comble.

A neuf heures, je prends place à côté de mon défenseur. L'huissier annonce l'entrée du tribunal. Après les formalités ordinaires, le président m'appelle devant sa barre.

Lui ayant décliné mon nom, mon âge, mes qualités, il me permet de m'expliquer. Je lui développe en allemand, bien entendu, l'histoire ou mieux les variations de mon option, les contradictions de la Kreisdirection de Sarrebourg ; puis, répondant directement à l'accusation, je répète, à peu près mot à mot, mon petit discours d'adieu, en faisant ressortir ma position, les circonstances, et toucher au doigt que je n'avais que cité le traité de Francfort ainsi que la délimitation des diocèses, comme un fait historique et comme base des droits de l'évêque de Nancy, sans les juger ni les commenter. Puis, reprenant mon interdit civil, je dis qu'il est contraire au traité de Francfort, qui spécifie la transition ; contraire au Concordat français, qui règle les relations entre l'Eglise et l'Etat en Alsace-Lorraine, et qui accorde à l'évêque seul le droit de relever un curé de ses fonctions ecclésiastiques ; contraire à l'essence de la dignité du prêtre, qui ne peut jamais être un fonctionnaire amovible à la volonté de l'autorité laïque comme dans une église nationale ; et je termine par cette conclusion :

« Vous avez, Messieurs, devant vous un pasteur fidèle, un père à l'égard de ses enfants qui ne croit pas avoir péché ni contre la vérité, ni contre la justice d'une loi allemande ».

On n'osa citer d'autres témoins que le maire, qui n'avait pas assisté à ma courte instruction incriminée du 12 juin, et que l'instituteur prussien, unique accusateur et témoin à la fois, mais compatriote et l'âme damnée du Kreisdirector, parce que toute la paroisse avait envoyé par écrit un démenti donné à l'accusation. Malgré cette protestation unanime de toute une population, l'instituteur prussien tint un papier entre les mains et, ne se rappelant plus l'acte d'accusation qu'il avait formulé et signé, il se contredit à plusieurs reprises; aussi fut-il hué par l'assistance, que le président menaça de mettre à la porte.

Quant au maire, le président lui demanda s'il avait appris, par la rumeur publique, que j'avais attaqué l'Allemagne en chaire ; il répondit « que tout ce qu'il avait appris, c'est que je devais partir bientôt et que M. le curé avait toujours prêché l'Evangile ».

Là-dessus mon avocat fit ressortir avec talent l'illégalité de mon arrestation, les contradictions et l'arbitraire de cette procédure. Sous sa parole, qui frappait juste, on vit l'impatience et l'embarras des juges. Le ministère public ne pouvant m'incriminer ni articuler aucun fait à charge, se rejeta sur la condamnation du *Christ et César*, qui n'avait nul rapport à cette affaire. Lorsqu'il eut fini de parler, je demandai la parole au président.

En quelques mots, je fis l'histoire de ce livre, et sans faire mention de tant de lettres d'évêques et du bref du Pape, qui approuvent cette publication, condamnée à Nancy, à l'époque du *Syllabus*, par le gouverneur impérial qui faisait jouer ses mines secrètes contre Rome, je me bornai à la lettre d'approbation du cardinal Donnet, archevêque de Bordeaux, et je conclus :

« Je suis encore aujourd'hui fier d'avoir écrit ce livre ; j'ose hautement m'en glorifier et dire que non-seulement j'y ai été un penseur, mais un prophète. Si Napoléon III s'était conformé aux principes qu'il renferme, sa dynastie régnerait encore, la France ne serait pas si malheureuse, et je ne me trouverais pas devant un tribunal allemand, à Saverne.

« Le Père Lacordaire, M. de Montalembert, Mgr Dupanloup, M. Louis Veuillot et une foule d'autres écrivains et publicistes, ont été condamnés pour des délits de presse, et ils ne se sont pas crus déshonorés ».

Voulant ensuite relever les contradictions manifestes

de l'accusation, qui ne reposait que sur le seul témoignage contradictoire de l'instituteur, le président se leva brusquement. Tous s'attendaient à un acquittement, mais j'étais certain d'une condamnation décrétée d'avance.

Au bout de trois quarts d'heure de délibération, le tribunal entra dans la salle et le président, d'une voix à peine intelligible, comme un homme qui a la conscience de son iniquité, prononça une condamnation à un mois de forteresse, en déduisant les jours de la prison préventive, et aux frais.

Tous, sauf moi, furent consternés de cette sentence. Les dix-huit confrères présents à l'audience et d'autres amis vinrent m'embrasser publiquement en silence et m'escortèrent jusque dans ma prison, avec un certain nombre de mes paroissiens.

Quelle comédie que la justice humaine, quand elle est inspirée par la *politique* ! Elle ne prononce pas des arrêts conformes à l'équité naturelle ni au droit divin et humain, mais elle rend des services, suivant l'intérêt et le souffle dominant du jour. Quels masques et histrions, sous la robe de magistrats intéressés et ambitieux !

Quel compromis avec la conscience ! L'histoire de Pilate se renouvelle tous les jours. La justice sommaire d'un despote ou celle d'un tribunal révolutionnaire est moins corruptrice que de pareilles simagrées de formes judiciaires. Elle est au moins franchement canaille, ce qui est plus honnête que l'hypocrisie de la canaillerie. Heureusement, au-dessus de pareils juges, il existe un juge suprême que l'innocent invoque et au tribunal duquel il en appelle ; celui-là jugera en dernier ressort et, un jour, devant l'universalité des anges et des hommes, il cassera les sentences d'iniquité et couvrira publiquement de confusion des magistrats qui auront trafiqué de leur conscience et de l'éternelle justice.

VI. — Après la condamnation. — Transfert à Bitche.

Après la condamnation j'eus, dans la prison, plus de liberté. On me permit de m'apporter du vin. Un bon ami, de Saverne, me fit parvenir quelques bouteilles. Je partageai avec mes gardiens, et, dès ce moment, ils déposèrent leur esprit farouche, ombrageux, inquisitorial, et ils devinrent, à mon égard, d'une grande complaisance.

Les Allemands protestants se laissent presque toujours gagner par le ventre, qui est leur Dieu. Grâce à cette liberté plus grande, j'obtins, le dimanche suivant, la faveur de pouvoir dire la sainte messe, dans la chapelle de la prison, en présence des prisonniers. Je remerciai avec effusion le Dieu si bon qui ne m'avait pas délaissé dans ma captivité. Je priai pour tous mes amis et bienfaiteurs. Quelle douce consolation et quelle force dans le saint sacrifice, au milieu d'un cachot !

Le même dimanche, j'entendis les cloches de Saverne sonner très-longtemps, à toute volée. On me dit que c'était l'entrée de l'évêque de Strasbourg, venu pour donner la confirmation. J'appris en même temps que le président qui avait prononcé, la veille, ma condamnation, parce que je soutenais en ma personne l'honneur et les droits de l'épiscopat, et qui, quelque temps auparavant, avait condamné à deux mois de forteresse l'évêque de Nancy, dînait le lendemain à la table de Mgr de Strasbourg. Quelle association entre le Christ et Bélial, entre la lumière et les ténèbres !

Depuis dimanche jusqu'au vendredi, jour de mon transfert à Bitche, je reçus plusieurs visites et je ne pus plus me plaindre de ma surveillance, devenue sympathique. Pendant la semaine, j'eus une nouvelle occasion d'observer les mœurs des protestants allemands qu'un certain parti, en France, prend pour modèle. Le chef-gardien qui loge dans la prison a plusieurs enfants. Un petit garçon de deux ans et une fille de huit ans s'approchèrent de moi, lorsque je me promenais dans la cour. J'avais encore quelques bonbons, reste de ce que j'avais distribué à mon départ; je les donne aux deux enfants et j'entre en conversation avec la petite fille; je lui demande si elle va à l'école et ce qu'elle y apprend. Elle répond vaguement. Je l'interroge sur la Bible, sur Dieu, sur Jésus-Christ. Elle me répond qu'elle n'a jamais entendu parler de ces choses; je lui demande alors si elle sait dire une prière, le *Pater*, par exemple. Elle me répète encore naïvement qu'elle ne prie jamais. Et elle se met à deviser sur la belle robe que sa mère vient de lui acheter. « Quelles mœurs! quelle éducation! quelles femmes et quelles mères! disais-je en moi-même. Et voilà ce qu'on veut faire de nos filles et de nos enfants en Alsace-Lorraine, puisque l'inspecteur de Sarrebourg a défendu aux sœurs réunies en conférence de parler aux enfants de religion avant l'âge de huit ans. Voilà le plan infernal forgé par la maçonnerie allemande de décatholiser nos contrées encore si religieuses, d'en arracher la foi et les mœurs par les écoles, la presse, les fonctionnaires, les mariages mixtes, par tous les moyens d'une politique empruntée à l'hypocrisie et aux profondeurs de Satan! »

Le vendredi matin, j'appris mon transfert à Bitche, par l'intermédiaire de mon avocat, qui me fit signer une pièce de l'Oberprocurator, par laquelle je déclarai renoncer au recours en appel. Je devais partir par le train de dix heures et demie. A dix heures, le chef-gardien de la prison me fit mon compte; il y mit les herbes de saint Jean, et me rendit, en partie, en thalers l'or que j'avais laissé entre ses mains, et il confirma mes prévisions. Comme j'avais vu de près les pauvres prisonniers, quoique je n'eusse pas une bourse trop garnie, je laissai entre ses mains une petite somme, avec prière de donner à chacun d'eux, en mon nom, le dimanche suivant, un verre de bière. Le Prussien, qui ne comprend pas ce qui vient du cœur, me parut stupéfait d'un pareil acte de générosité. Il me dit : *Ce n'est pas l'usage*, et, lui serrant la main, je partis accompagné d'un gendarme. La fille du gardien porta mon sac de nuit à la gare. Ma malle et mon bureau furent déposés, d'après mes ordres, chez un ami. Depuis, on m'a laissé entendre que le gardien prussien empochera mon aumône. Quoi qu'il en soit, Dieu me comptera ma bonne volonté.

Le gendarme qui devait me conduire à Bitche me pria de faire le tour de la ville, afin d'éviter la commotion publique. Je lui répondis que j'étais à sa disposition. Nous arrivâmes par un chemin détourné et long à la gare, où je trouvai mon excellent défenseur et mon bon ami de Saverne. Nous nous serrâmes la main, et le train nous emporta à travers les belles et riches plaines de l'Alsace. Quelle jouissance dans les beautés de la nature, quand, depuis trois semaines, vous n'avez vu que les sombres murs d'une prison ! Je ne me lassai pas d'admirer les prairies arrosées par la Zorn, dont on fauchait l'herbe, ces nappes immenses de blé jaunissant qui promettent une si riche récolte, les coteaux de Hochfelden couverts de vignes et d'arbres fruitiers si bien préparés, les nombreuses et les vertes houblonnières de Haguenau, les magnifiques forêts de Niederbronn à Bitche. Quelles richesses la pauvre France a cédées, avec nos milliards, à d'insatiables ennemis ! Cette seule pensée réveille, dans le cœur patriotique, un sentiment de douleur et d'indignation indicible. Enfin, par une chaleur tropicale, j'arrive au fort de Bitche où je trouve M. l'abbé Demnise, curé de Lucy. J'avais fait la connaissance de ce prêtre lorsqu'il était vicaire chez M. Trouillet, curé de Saint-Maur, à Lunéville, si connu par ses œuvres, son dévouement, ses constructions et actuellement curé de Saint-Epvre, à Nancy, où il a bâti une des plus jolies églises de France.

VII. — Le fort de Bitche.

Si j'étais mal à Saverne, je me trouvai relativement heureux à Bitche. On me donna, à côté de M. le curé de Lucy, une chambre vaste, aérée, renfermant une armoire, une commode, deux chaises, une table ordinaire, un guéridon, un lit et une table de nuit. Il y a cinq chambres ainsi meublées, destinées aux ecclésiastiques prisonniers. Elles se remplirent toutes, le mardi suivant. Nous fûmes rejoints par M. Victor Brogard, curé de Prévocourt; par M. Jean Klein, curé d'Oron; et par M. François Hennequin, curé de Lémoncourt, tous coupables d'avoir lu le mandement de l'évêque de Nancy. Nous formâmes une collégiale de prisonniers. Le règlement y était peu sévère ; on avait une enceinte pour se promener et, à certaines heures, on pouvait librement circuler dans le fort, d'où l'on jouit d'un panorama magnifique. De midi à quatre heures, il était permis de recevoir toutes sortes de visites, sans surveillance aucune. Les jeudis et les dimanches, accompagnés d'un sergent, nous obtînmes la permission d'aller dire la sainte messe, à l'église paroissiale.

Nos lettres ne furent pas soumises à l'inspection ni au visa d'un Oberprocurator. Nous n'étions pas exclus du monde ni des relations sociales. Nous avions, au fort même, une pension convenable, mais un peu chère. Nous reçûmes des journaux de la part du clergé de la ville. On ne saurait assez louer ni remercier le dévouement de M. le curé de Bitche et de son vicaire, celui du supérieur du petit séminaire et de ses professeurs envers les prêtres prisonniers du fort. Une mère tendre ne va pas plus loin dans sa sollicitude et dans son esprit de sacrifice. Tous les jours, qu'il fît beau ou mauvais, froid ou chaud, par des chaleurs tropicales, ces messieurs vinrent nous visiter, nous apporter nos lettres, des journaux, tout ce que nous pouvions désirer. Au nom de tous mes confrères passés, présents et futurs, merci, éternel merci au dévouement et à la générosité du clergé de Bitche.

Il m'est impossible de rendre les impressions que la captivité de Bitche a reproduites en mon âme. Le collége, ou mieux, le petit séminaire de Bitche avait abrité mon jeune âge; j'y avais fait une partie de mes études, et, par les luttes des classes, je m'y suis préparé aux combats de la vie. Du haut de ce fort, assis sur le roc, chef-d'œuvre de Vauban et imprenable à tous points de vue, en promenant mes regards sur la petite ville de Bitche, qui s'étend d'un côté autour du fort, je voyais le petit séminaire, avec sa cour, avec ses arbres, avec son jardin, témoins des ébats et des émotions de ma jeunesse. Je me rappelai le vénérable M. Hardy, alors supérieur de l'établissement, et qui dort sur le cimetière de la ville et à qui ses élèves reconnaissants ont érigé un monument, en attendant de la justice suprême la récompense de ses vertus et de ses mérites. Je me rappelai le saint curé de Bitche, M. Ulrich, ancien confesseur de la Foi, mon prédécesseur à Hoff et oncle du général Ulrich, défenseur de Strasbourg. Je me rappelai le nom, la physionomie de mes anciens condisciples et de mes anciens professeurs, qui, hélas! en grand nombre, ne sont plus.

Je voyais cette chapelle où j'ai tant prié, où il s'est passé entre mon âme et Dieu des faits si extraordinaires et où je me suis décidé au sacerdoce.

Je voyais de nouveau se dérouler ces magnifiques processions de la Fête-Dieu, où, sous Charles X, la garnison de Bitche suivait, en grande tenue, le *Saint des saints* et faisait retentir ses joyeuses fanfares. J'entendais encore les cris d'enthousiasme des élèves à la prise d'Alger, et ceux de la consternation aux tristes et fatales journées de juillet. Oh! encore une fois, quels souvenirs de ma jeunesse, souvenirs du ciel et souvenirs de la terre! Tout cela me paraît maintenant un songe, un rêve, une illusion, quand je compare le passé au présent, la France d'alors à la France actuelle. Qui m'eût dit, il y a quarante-cinq ans, qu'après une vie sacerdotale intègre et pure de trente-sept ans, je serais regardé comme un étranger sur mon sol natal et conduit comme un criminel, par un gendarme prussien, dans le fort élevé par l'argent français et lorrain, parce que je suis resté Français et Lorrain, et que je n'ai pas abdiqué l'honneur de mon sacerdoce devant l'injonction stupide de la Kreisdirection de Sarrebourg? Dans le cours de notre existence, il est des faits si extraordinaires qu'ils paraissent invraisemblables. Et néanmoins la triste réalité est sous nos yeux. Que les événements, jeux miséricordieux de la Providence, renferment de terribles leçons et amènent de changements dans la vie sociale et privée ! Aux yeux de la foi, tout ce qui arrive dans les transformations des sociétés et des empires sert à la gloire de Dieu et à l'utilité des élus. Donc, honneur au suprême dominateur de toute chose !

VIII. — Transfert à la frontière française de Pagny.

Le 15 juillet, nous avions, comme à l'ordinaire, adressé notre demande au commandant de la place à l'effet de pouvoir remplir nos devoirs religieux (dire la sainte messe). Le commandant accorda cette permission à quatre de mes collègues internés, fixant l'heure de huit à dix heures; il mit sur l'écrit : « *Le curé Bénard sera libre dans la matinée* ». Le surveillant du fort, qui travaille dans le bureau du commandant, me rapporta « que *je serai libre dès neuf heures du matin, que je pourrai aller où bon me semblera,* et que l'adjudant montera dans la matinée au fort, afin de réviser le mobilier de la chambre, de constater que tout est intègre et sans tache.

Après-midi, nous eûmes la visite habituelle de l'excellent curé de Bitche, de son vicaire, de plusieurs curés et amis des environs de Sarreguemines. J'écrivis à ma famille que j'irais la voir et passer quelques jours dans le pays ; je dis aussi au bon curé de Bitche qu'étant libre à neuf heures du matin, j'aurai, à dix heures, le bonheur de dire ma messe, de faire mes visites de remercîment à toutes les personnes qui nous ont témoigné des sympathies ; mais j'avais compté sans nos hôtes et nos maîtres hypocrites de l'Alsace-Lorraine. Le soir à sept heures, au moment du souper, je suis appelé devant le commissaire de police de Bitche, qui était monté au fort. Cet agent me remit un arrêté d'expulsion signé Arnim, président de Metz, et arrivé le soir même. Il m'annonça en même temps qu'on ne me laisserait pas passer par Sarrebourg, mon pays natal, que le lendemain, à huit heures, je serais conduit par un gendarme jusqu'à Pagny par la ligne de Metz. Effectivement, le lendemain, à sept heures et demie, arriva un gendarme qui me mena à travers les champs jusqu'à la gare, afin d'éviter, disait-il, toute sensation. Lorsque j'étais à la gare, attendant le train, le clergé et les frères des écoles de la paroisse, avec d'autres curés, vinrent pour me serrer la main. Le curé de Bitche voulait me remettre une lettre à l'adresse de l'évêque de Nancy, qui avait eu la bonté de le remercier de toutes les peines qu'il se donnait en faveur des prêtres de son diocèse ; mais le gendarme prussien lui arracha des mains la lettre, qu'il lut, et ne lui permit pas de me la donner. Il nous défendit également de parler français, et écarta ces messieurs.

Le train étant arrivé, on me mit seul, avec le gendarme, dans un compartiment de dames, et on ne permit à personne de me causer en route. En passant par la station de Lemberg, j'ai salué les célèbres cristalleries de Saint-Louis, dont le chimiste de Paris était venu, avec d'autres personnes de ses amis, nous visiter au fort de Bitche. La vapeur nous emporta sans encombre par Sarreguemines vers Metz. En m'approchant des environs de cette belle ville, si forte, si française, et notre ancien boulevard, inexpugnable, de la riche et riante vallée de la Moselle, la colère monta dans mon âme ; sans mon caractère de prêtre, qui me commande spécialement la résignation aux événements de la Providence, j'eusse maudit les hommes qui amenèrent cet état lamentable des choses.

A Metz, où je devais attendre le train de Pagny, je pus entrer dans la buvette. Je payai à mon gendarme deux verres de bière ; il se montra plus doux et me laissa causer librement avec un ami, curé de Nancy, qui venait d'un pèlerinage d'Aix-la-Chapelle.

Enfin, à midi et demi, il me fit entrer dans un compartiment rempli de gendarmes prussiens. Vers une heure, nous arrivâmes à Pagny, où je fus remis entre les mains d'un commissaire français, qui me fit un accueil sympathique et qui délivra à mon conducteur un certificat d'arrivée. Je demandai au bon commissaire français si je ne pouvais retourner dans ma paroisse pour chercher mon mobilier, il me répondit que, sans une permission spéciale, ce serait une grande imprudence.

Mon frère m'attendait à la gare, et l'amitié fraternelle, sous les coups de la persécution et de la souffrance communes, se resserra d'un lien plus tendre encore. Nous fûmes bientôt à Nancy, où nous trouvâmes un asile chez le vénérable curé de Saint-Epvre.

La conclusion à tirer des incidents de mon option, de mon arrestation, de mon procès, de mon transfert à la prison de Saverne, au fort de Bitche et aux frontières de Pagny, par la gendarmerie prussienne, c'est que l'empire allemand, que l'on croit si solide, *repose sur la peur* plus encore que sur la pointe des baïonnettes.

A l'instar du voleur et du brigand, il craint le pas de l'homme de bien, le mouvement d'une feuille, le souffle du moindre vent. La présence d'un prêtre désarmé et inoffensif, mais à conviction, le fait trembler ; preuve évidente qu'il a le remords de ses déprédations et de ses injustes conquêtes. C'est pourquoi il travaille avec tant d'acharnement à décatholiser l'Alsace-Lorraine, à éloigner des écoles toute influence religieuse, à mélanger les deux sexes, tous les cultes, à annuler l'action du clergé, dans le but de corrompre les populations et de les mieux asservir. La corruption est le véhicule de la tyrannie.

Nous espérons de la justice et de la miséricorde d'en haut que l'heure de la délivrance sonnera bientôt, et que l'empire militaire et protestant, créé dans le centre de l'Europe avec le concours de la politique aveugle de la France, disparaîtra bientôt dans l'intérêt de la civilisation chrétienne, pour la gloire de Dieu et l'affranchissement de l'humanité.

Bar-le-Duc — Typographie des Célestins. — Bertrand.

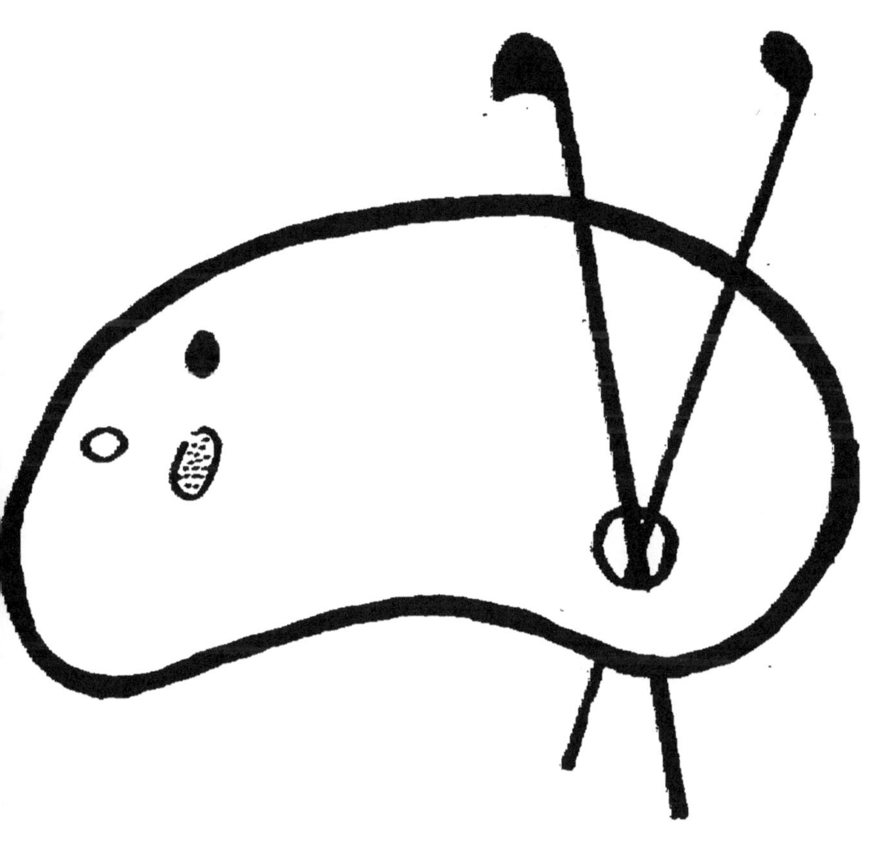

www.ingramcontent.com/pod-product-compliance
Lightning Source LLC
LaVergne TN
LVHW020306230826
846091LV00006B/2546
9782013252904